Simple Korean

개정판

Simple Korean

초 판 발행 2015년 3월 27일
개정판 발행 2017년 11월 30일

지 은 이 조영미 한상호 이한라
펴 낸 이 박찬익
편 집 장 권이준
삽 화 가 Jenny Lee Robinson

펴 낸 곳 (주)박이정
주 소 서울시 동대문구 천호대로 16가길 4
전 화 (02)922-1192~3
팩 스 (02)928-4683
홈 페 이 지 www.pjbook.com
이 메 일 pijbook@naver.com
등 록 2014년 8월 22일 제 305-2014-000028호

ISBN 979-11-5848-351-7 (13710)

* 책값은 뒤표지에 있습니다.
* 듣기 mp3 파일제공 : www.pjbook.com

Simple Korean

It is simple!

Korean 개정판

조영미, 한상호, 이한라 공저

シンプル 韓国語
簡単 韩国语

(주)박이정

간단합니다.

복잡하지 않습니다.

어렵지도 않습니다.

한글 자모만 잘 배워도 한국인과 대화할 수 있습니다.

[Simple Korean]은 간단히 배우며 간단한 표현을 손쉽게 쓸 수 있는 한국어를
여러분께 알려 드립니다.

한국 사람과 무슨 말을, 어떻게 할 수 있느냐고요?

일단 이렇게 시작해 보세요.

오빠

여기

오세요

네

여기요

피자

하나

주세요

어때요?

간단하지요?

맞습니다.

한국어를 배우는 방법은 아주 간단합니다.

[Simple Korean]으로 배우니까요.

2015년
저자 조영미, 한상호, 이한라

Preface

It's simple.

It's not complicated.

It's not difficult at all.

Once you know basic consonants and vowels, you can communicate with Koreans in Korean.

[Simple Korean] helps you learn Korean expressions without many difficulties.

How will you be able to communicate with Koreans in Korean?

Let's start with the basics.

오빠	older brother
여기	here (when you call someone at the restaurants)
오세요	come here
네	yes
여기요	excuse me
피자	pizza
하나	one
주세요	please (when you ask someone to give something to you)

How is it?

Isn't it easy?

That's right.

It is not hard at all to learn Korean.

Because [Simple Korean] is with you.

2015

Youngmi Cho, Sangho Han, Hanla Lee

はじめに

簡単です。
複雑ではありません。
難しくもありません。
ハングルの子音と母音さえきちんと覚えたら、韓国人と会話ができます。
［シンプル韓国語］は簡単に学べ、簡単な表現を手軽に使える韓国語を皆さん
にお教えします。

韓国人とどんな話を、どのようにできるのかって？
まず、こういうふうに始めてみましょう。

오빠	お兄さん
여기	ここ
오세요	いらっしゃい
네	はい
여기요	すみません(呼びかけ)
피자	ピザ
하나	ひとつ
주세요	ください

どうですか？
簡単でしょう？
そうです。
韓国語を学ぶ方法はとてもシンプルなんです。
この［シンプル韓国語］で学ぶのですから。

2015年

著者 趙英美, 韓尙昊, 李漢羅

前言

简单。

不复杂。

也不难。

仅仅背会韩文元音与辅音就能和韩国人对话。

[Simple　Korean]一书是通过简单的背诵教给大家一些轻而易举就能使用的韩国语表达方式。

想知道怎么跟韩国人说，跟韩国人说什么么？

请先试试这样开始。

오빠	哥哥
여기	这里
오세요	来
네	好的
여기요	这里
피자	披萨
하나	一个
주세요	请给我

怎么样？

简单吧？

没错。

学习韩语的方法非常简单。

因为是用[Simple Korean]学的。

2015年

作者 趙英美，韓尙昊，李漢羅

이 책은 크게 [자모], [유용한 단어], 그리고 [유용한 대화] 부분으로 나뉘어 있습니다. 그 세부 내용은 아래와 같습니다.

I. 자모

1. 자모표
❶ 한글 자모를 획순에 따라 씁니다.
❷ 듣기 파일로 해당 자모의 발음을 듣고 따라합니다.

2. [듣기] 들은 글자를 써 봅니다.

3. [단어] 배운 자모로 단어를 배웁니다.

4. [연습] 배운 내용을 점검합니다.

5. [표현] 배운 자모가 들어가는 동사, 형용사를 배웁니다.

6. [말하기] 배운 단어를 활용해 대화를 만들어 봅니다.

II. 유용한 단어

단어의 종류별 혹은 단어가 쓰이는 상황에 따라 구분해 정리했습니다.

III. 유용한 대화

한국 생활을 하면서 쓸 수 있는 유용하고 간단한 대화를 정리했습니다.

The structure of [Simple Korean]

This textbook has three parts. The first is [Consonants and Vowels] and the second is [Useful Words] and the last is [Useful Expressions].

Details are as follows:

I. Consonants and Vowels

1. Tables of Consonants and Vowels
  ❶ Write consonants and vowels in the right order.
  ❷ Listen and repeat when you hear consonants and vowels from the listening files.

2. [듣기] is [Listening] and you can write the letters when you hear them.

3. [단어] is [Vocabulary], and you can catch more words with consonants and vowels you learned.

4. [연습] is [Practice], and it is repeating of what you learned.

5. [표현] is [Expressions], and you learn verbs and adjectives with consonants and vowels you learned.

6. [말하기] is [Dialogue], and you can make up conversations with consonants and vowels you learned.

II. Useful Words

You can learn more words under the specific themes.

III. Useful Expressions

You can learn more daily expressions when you visit Korea.

テキストの構成

テキストは大きく［子音と母音］と［役に立つ単語］、それから［役に立つ会話］とに分けられています。くわしい内容は次の通りです。

I. 子音と母音

1. 子音と母音のハングル表
❶ ハングルの子音と母音を書き順にしたがって書きます。
❷ 聞き取りファイルでその子音と母音の発音を聴いて発音します。

2. [聞き取りです] 聴いた文字を書き取りしてみます。

3. [単語です] 覚えた子音と母音で単語を学びます。

4. [練習] 学んだ内容を点検してみます。

5. [表現] 覚えた子音と母音が含まれている動詞と形容詞を学びます。

6. [話してみましょう] 覚えた単語を活用して会話文を作ってみます。

II. 役に立つ単語

単語の種類別、または単語が使われる場面に分けてまとめました。

III. 役に立つ会話

韓国で生活するなかで、気軽に使える簡単なやり取りをまとめました。

教材构成

本教材分为[元音辅音]、[有用的单词]以及[有用的对话]三部分。具体内容如下。

I. 元音辅音

1. 元音辅音表
❶ 跟着韩文元音辅音的笔顺书写。
❷ 利用录音跟读相应的元音辅音。

2. [听力] 请试试写一写听到的字母。

3. [单词] 通过所学的元音辅音学习单词。

4. [练习] 检测学习的内容。

5. [表达] 学习含有所学元音辅音的动词，形容词。

6. [说说看] 利用所学单词，试着组织一段对话。

II. 有用的单词
根据单词的类别或是使用情景进行了分类整理。

III. 有用的对话
整理了在韩国生活中能够使用的既有用又简单的对话。

III. 유용한 대화 Useful Expressions 役に立つ会話 有用的对话

1. 한글

Hanguel

ハングル

韓文

01 우유

E Milk 日 牛乳 中 牛奶

track 1

아	ㅇ 이 아	아	아		
		[a]	아		
어	ㅇ ㅇ 어	어	어		
		[eo]	어		
오	ㅇ ㅇ 오	오	오		
		[o]	오		
우	ㅇ 으 우	우	우		
		[u]	우		
으	ㅇ 으	으	으		
		[eu]	으		
이	ㅇ 이	이	이		
		[i]	이		

TIP.

한글은 왼쪽에서 오른쪽으로, 위에서 아래의 순으로 씁니다. 순서를 확인하면서 한글을 써 봅시다.
Write Korean from left to right and from top to bottom. Make sure you are writing in the correct order.
ハングルは左から右へ、上から下への順で書きます。 書き順を確かめながらハングルを書きましょう。
韩文的书写顺序是从左到右，由上至下。 请按照上面所述顺序练习写一写韩文。

❶ 아　❷ 어　❸ 오　❹ 우　❺ 으

❻ 이　❼ 아이　❽ 오이

단어 track 3 💿 듣고 쓰세요.

오	오	오	이	이	이
5 E five 日 五 中 五			**2** E two 日 二 中 二		
아이	아	이	**오이**	오	이
E child 日 子供 中 小孩			E cucumber 日 きゅうり 中 小黃瓜		

			아	아		
아	ㅇ 이 아	아	아			
		[a]	아			
야	ㅇ 이 야	야	야			
		[ya]	야			
어	ㅇ ㅡ 어	어	어			
		[eo]	어			
여	ㅇ ㅡ 여	여	여			
		[yeo]	여			
오	ㅇ ㅇ 오	오	오			
		[o]	오			
요	ㅇ ㅠ 요	요	요			
		[yo]	요			
우	ㅇ 으 우	우	우			
		[u]	우			
유	ㅇ 으 유	유	유			
		[yu]	유			

으	ㅇ 으	으 [eu]	으 으		
이	ㅇ 이	이 [i]	이 이		
애	ㅇ 아 애	애 [ae]	애 애		
에	ㅇ 어 에	에 [e]	에 에		
예	ㅇ ㅕ 예	예 [ye]	예 예		

듣기 track 5 　듣고 따라하세요.

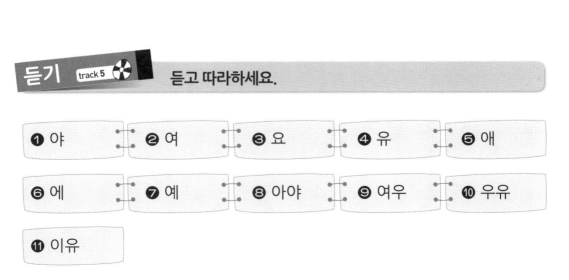

❶ 야　❷ 여　❸ 요　❹ 유　❺ 애

❻ 에　❼ 예　❽ 아야　❾ 여우　❿ 우유

⓫ 이유

아야	아	야
아야!!!		
E ouch 日 あ、いたっ 中 哎哟		

여우	여	우
E fox 日 狐 中 狐狸		

우유	우	유
우유		
E milk 日 ミルク 中 牛奶		

이유	이	유
E reason 日 理由 中 理由		

연습

1 듣고 따라하세요.
Listen and repeat. よく聞いてあとについて言ってください。请听录音并跟着朗读。 `track 7`

1) 아　　야　　어　　여　　오　　요　　우　　유　　으
　　이　　애　　에　　예

2) 아　　　3) 오　　　4) 우　　　5) 으　　　6) 애　　　7) 예

2 단어를 듣고 따라하세요. Listen to the words and repeat them.
単語を聞あとについて言ってください。请听单词并跟着朗读。 `track 8`

1) 아이　　　2) 오이　　　3) 아야　　　4) 여우　　　5) 우유　　　6) 이유

3 듣고 맞으면 ○, 틀리면 × 하세요. Listen and mark O if it is correct, and X if it is wrong.
よく聞いて正しければ○を、正しくなければ×を付けてください。
请听录音，正确的标○，错误的标×。 `track 9`

1) 어(　　○　　)　　　2) 오(　　　　　)　　　3) 여(　　　　　)

4) 유(　　　　　)　　　5) 애(　　　　　)　　　6) 으(　　　　　)

4 듣고 맞는 것을 고르세요. Listen and circle the correct answer.
よく聞いて正しいものを選んでください。请听录音，选出正确的选项。 `track 10`

1) ① 아　② 어　③ 우　　　　　2) ① 어　② 오　③ 으

3) ① 우　② 으　③ 이　　　　　4) ① 야　② 여　③ 요

5) ① 여　② 유　③ 야　　　　　6) ① 에　② 여　③ 예

5 듣고 맞는 것을 고르세요. Listen and circle the correct answer.
よく聞いて正しいものを選んでください。请听录音，选出正确的选项。

1) ① 아이   ② 오이

2) ① 아야   ② 아우

3) ① 여우   ② 요우

4) ① 우유   ② 이유

5) ① 우애   ② 우예

6) ① 아오   ② 아예

6 듣고 맞는 모음을 쓰세요. Listen and circle the correct vowels.
よく聞いて正しい母音を選んでください。请听录音写出正确的元音。

1) 어

2) ㅇ

3) ㅇ

4) ㅇ

7 듣고 쓰세요. Listen and write exactly what you heard.
よく聞いて書いてください。请听录音，完成单词。

1)

2)

3)

4)

가게예요.

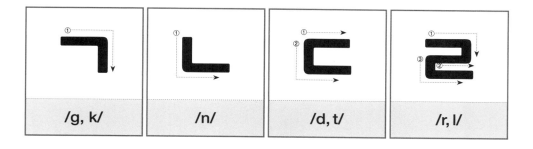

| /g, k/ | /n/ | /d, t/ | /r, l/ |

track 14

	ㅇ	ㄱ	ㄴ	ㄷ	ㄹ
ㅏ	아	가	나	다	라
ㅑ					
ㅓ					
ㅕ					
ㅗ	오	고	노	도	로

	ㅇ	ㄱ	ㄴ	ㄷ	ㄹ
ㅛ					
ㅜ					
ㅠ					
ㅡ	으	그	느	드	르
ㅣ					
ㅐ					
ㅔ					
ㅖ					

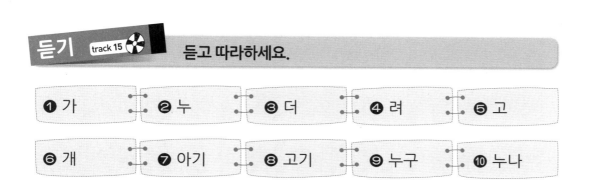

듣기 track 15 들고 따라하세요.

❶ 가   ❷ 누   ❸ 더   ❹ 려   ❺ 고

❻ 개   ❼ 아기   ❽ 고기   ❾ 누구   ❿ 누나

듣고 쓰세요.

개	개	개

E dog
日 犬
中 狗

게	게	게

E crab
日 蟹
中 螃蟹

나	나	나

나

E I
日 私
中 我

너	너	너

너

E you
日 君
中 你

아기	아	기

E baby
日 赤ちゃん
中 婴儿

야구	야	구

E baseball
日 野球
中 棒球

여기	여	기	오리	오	리
 E here 日 ここ 中 这里			 E duck 日 鴨 中 鸭子		

우리	우	리	가게	가	게
 E we 日 私たち 中 我们			 E shop 日 店 中 店		

거기	거	기	고기	고	기
 E there 日 そこ 中 那里			 E meet 日 肉 中 肉		

구두	구	두	나라	나	라
E shoes 日 靴 中 皮鞋			E country 日 国 中 国家		

누구	누	구	누나	누	나
E who 日 誰 中 谁			E sister 日 姉 中 姐姐		

다리	다	리	도로	도	로
E leg 日 足 中 腿			E road 日 道路 中 道路		

이야기	이	야	기
E story 日 話 中 话 / 故事			

라디오	라	디	오
E radio 日 ラジオ 中 收音机 / 广播			

연습

1 🔵 듣고 따라하세요.
Listen and repeat. よく聞いてあとについて言ってください。请听录音并跟着朗读。 `track 17` 🎵

1) 가   갸   거   겨   노   뇨   누   뉴   두
   듀   드   디   래   레   례

2) 거   3) 고   4) 누   5) 뉴   6) 드   7) 레

2 🔵 단어를 듣고 따라하세요. Listen to the words and repeat them.
単語を聞あとについて言ってください。请听单词并跟着朗读。 `track 18` 🎵

1) 아기   2) 야구   3) 거기   4) 가게   5) 누구   6) 라디오

3 🔵 듣고 맞으면 ○, 틀리면 × 하세요. Listen and mark O if it is correct, and X if it is wrong.
よく聞いて正しければ○を、正しくなければ×を付けてください。
请听录音，正确的标○，错误的标×。 `track 19` 🎵

1) 거(○   )   2) 노(   )   3) 두(   )

4) 대(   )   5) 류(   )   6) 례(   )

4 🔵 듣고 맞는 것을 고르세요. Listen and circle the correct answer.
よく聞いて正しいものを選んでください。请听录音，选出正确的选项。 `track 20` 🎵

1) ① 가   ② 거   ③ 구   2) ① 나   ② 노   ③ 느

3) ① 뉴   ② 누   ③ 느   4) ① 두   ② 더   ③ 도

5) ① 뎌   ② 듀   ③ 디   6) ① 래   ② 례   ③ 려

5 듣고 맞는 것을 고르세요. Listen and circle the correct answer.
よく聞いて正しいものを選んでください。请听录音，选出正确的选项。

track 21

1) ① 아기　② 여기

2) ① 거기　② 고기

3) ① 계　② 네

4) ① 누구　② 누나

5) ① 다리　② 도로

6) ① 우리　② 요리

6 듣고 맞는 자음을 쓰세요. Listen and circle the correct consonants.
よく聞いて正しい子音を選んでください。请听录音写出正确的辅音。

track 22

1) 다　2) ㅕ　3) ㅗ　4) ㅜ

7 듣고 쓰세요. Listen and write exactly what you heard.
よく聞いて書いてください。请听录音，完成单词。

track 23

1)

2)

3)

4)

가게 shop / お店 / 店
야구 baseball / 野球 / 棒球
개 dog / 犬 / 狗
구두 shoes / 靴 / 皮鞋
이야기 story / 話 / 话

아기 baby / 赤ちゃん / 婴儿
고기 meat / お肉 / 肉
게 crab / カニ / 螃蟹
다리 leg / 脚 / 腿
라디오 radio / ラジオ / 收音机 / 广播

Q: **가게**예요?

A: 네, **가게**예요.

Q: (   )예요?

A: 네, (   )예요.

E

Q: Is it a store?

A: Yes, it is a store.

Q: It is a/an (   )?

A: Yes, it is a/an (   ).

日

Q: お店ですか。

A: はい、お店です。

Q: (   )ですか。

A: はい、(   )です。

中

Q: 是商店么?

A: 是的，是商店。

Q: 是(   )么?

A: 是的，是(   )。

Q: **여기**예요?

A: 네, **여기**예요.

Q: **거기**예요?

A: 네, **거기**예요.

🇪
Q: Is it here?
A: Yes, it is here.
Q: Is it there?
A: Yes, it is there.

🇯
Q: ここですか。
A: はい、ここです。
Q: そこですか。
A: はい、そこです。

🇨
Q: 是这里么?
A: 是的, 是这里。
Q: 是那里么?
A: 是的, 是那里。

TIP.

-예요/이에요 mans "is". -예요 is used after a word that ends in a vowel and -이에요 is used after a word that ends in a consonant.

예) 토마토예요. This is tomato.
　　물이에요. This is water.

「-이에요」と「-예요」の使い分けは直前の文字 にパッチムがあるときは「-이에요」を、パッチムがないときは「-예요」を用います。

例) 토마토예요. トマトです。
　　물이에요. 水です。

-예요/이에요 类似英语的BE动词。-예요用于以元音结尾的单词后, -이에요则用于以辅音结尾的单词后面。

例如) 토마토예요. 是西红柿
　　　물이에요. 是水

주스 주세요.

🇪 Juice, please. 🇯 ジュース下さい。
🇨 请给我果汁。

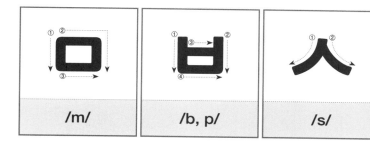

| /m/ | /b, p/ | /s/ | /j/ |

	ㅇ	ㅁ	ㅂ	ㅅ	ㅈ
ㅏ	아	마	바	사	자
ㅑ					
ㅓ					
ㅕ					
ㅗ	오	모	보	소	조

	ㅇ	ㅁ	ㅂ	ㅅ	ㅈ
ㅛ					
ㅜ					
ㅠ					
ㅡ	으	므	브	스	즈
ㅣ					
ㅐ					
ㅔ					
ㅖ					

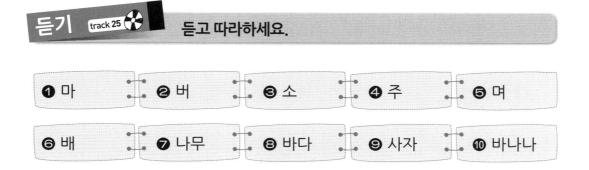

듣기 track 25 　듣고 따라하세요.

❶ 마　❷ 버　❸ 소　❹ 주　❺ 며

❻ 배　❼ 나무　❽ 바다　❾ 사자　❿ 바나나

배	배 배	**소**	소 소
E ship 日 船 中 船		E cow 日 牛 中 牛	

개미	개 미	**나무**	나 무
E ant 日 アリ 中 蚂蚁		E tree 日 木 中 木头 / 树	

머리	머 리	**모기**	모 기
E head 日 頭 中 头		E mosquito 日 蚊 中 蚊子	

모자	모	자	바다	바	다

모자
E hat
日 帽子
中 帽子

바다
E sea
日 海
中 海

버스	버	스	베개	베	개

버스
E bus
日 バス
中 公车

베개
E pillow
日 枕
中 枕头

가수	가	수	사자	사	자

가수
E singer
日 歌手
中 歌手

사자
E lion
日 ライオン
中 狮子

시내	시	내		어제	어	제	

E downtown 日 市内 中 市内				E yesterday 日 昨日 中 昨天			

저기	저	기		주스	주	스	
E there 日 あそこ 中 那边				E juice 日 ジュース 中 果汁			

바나나	바	나	나
E banana 日 バナナ 中 香蕉			

지우개	지	우	개
E eraser 日 消しゴム 中 橡皮擦			

제주도	제	주	도
E Jeju island 日 済州道 中 済州道			

1 듣고 따라하세요.
Listen and repeat. よく聞いてあとについて言ってください。请听录音并跟着朗读。 track 27

1) 마   먀   머   며   보   뵤   부   뷰   스
    시   재   제   계

2) 머   3) 모   4) 부   5) 뷰   6) 스   7) 재

2 단어를 듣고 따라하세요. Listen to the words and repeat them.
単語を聞あとについて言ってください。请听单词并跟着朗读。 track 28

1) 머리   2) 바다   3) 사자   4) 베개   5) 가수   6) 지우개

3 듣고 맞으면 ○, 틀리면 × 하세요. Listen and mark O if it is correct, and X if it is wrong.
よく聞いて正しければ○を、正しくなければ×を付けてください。
请听录音，正确的标○，错误的标×。 track 29

1) 머(○   )   2) 보(   )   3) 수(   )

4) 새(   )   5) 저(   )   6) 재(   )

4 듣고 맞는 것을 고르세요. Listen and circle the correct answer.
よく聞いて正しいものを選んでください。请听录音，选出正确的选项。 track 30

1) ① 마   ② 머   ③ 무   2) ① 며   ② 뮤   ③ 묘

3) ① 보   ② 버   ③ 바   4) ① 스   ② 시   ③ 세

5) ① 저   ② 조   ③ 주   6) ① 새   ② 세   ③ 제

5 듣고 맞는 것을 고르세요. Listen and circle the correct answer.
よく聞いて正しいものを選んでください。请听录音，选出正确的选项。

track 31

1) ① 머리　② 마리　　2) ① 저기　② 거기

3) ① 주사　② 주스　　4) ① 가수　② 가사

5) ① 나무　② 아마　　6) ① 소　　② 조

6 듣고 맞는 자음을 쓰세요. Listen and circle the correct consonants.
よく聞いて正しい子音を選んでください。请听录音写出正确的辅音。

track 32

1) 사　　2) ㅕ　　3) ㅗ　　4) ㅜ

7 듣고 쓰세요. Listen and write exactly what you heard.
よく聞いて書いてください。请听录音，完成单词。

track 33

1)

2)

3)

4)

명령할 때 쓰는 표현	🇪 Expressions for asking	🇯 命令するときに 使う表現	🇨 命令表現
• 이야기하세요.	Speak.	話してください。	请说。
• 오세요.	Come here.	來てください。	请来。
• 어서 오세요.	Welcome.	いらっしゃいませ。	欢迎光临。
• 가세요.	Go for it.	行ってください。	请走。
• 드세요.	Eat it.	どうぞ。食べてください。	请吃。
• 보세요.	Watch it.	見てください。	请看。
• 주세요.	Pass it to me.	ください。	请给。
• 주무세요.	Sleep.	お休みなさい。	请休息。

기타 표현	🇪 Other expressions	🇯 その他の表現	🇨 表現
• 아마	maybe	たぶん	应该
• 다시	again	もう一度	再
• 여보세요	hello	もしもし	喂

바다 sea / 海 / 海
어제 yesterday / 昨日 / 昨天
머리 head / 頭 / 头
바나나 banana / バナナ / 香蕉
바나나 우유 banana milk / バナナ牛乳 / 香蕉牛奶

소 cow / 牛 / 牛
모기 mosquito / 蚊 / 蚊子
주스 juice / ジュース / 果汁
우유 milk / 牛乳 / 牛奶
지우개 eraser / 消しゴム / 橡皮

Q: 바다예요?

A: 네, 바다예요.

Q: (   )예요?

A: 네, (   )예요.

E

Q: Is it the sea?
A: Yes, it is.
Q: Is it the (   )?
A: Yes, it is the (   ).

日

Q: 海ですか。
A: はい、海です。
Q: (   )ですか。
A: はい、(   )です。

中

Q: 是大海么?
A: 是的，是大海。
Q: 是(   )么?
A: 是的，是(   )。

주스 juice / ジュース / 果汁　　　우유 milk / 牛乳 / 牛奶
바나나 banana / バナナ / 香蕉　　　바나나우유 banana milk / バナナ牛乳 / 香蕉牛奶
지우개 eraser / 消しゴム / 橡皮

Q: 주스 주세요.

A: 네.

Q: 감사합니다.
   [*kamsahamnida*]

Q: (　　　　) 주세요.

A: 네.

Q: 감사합니다.
   [*kamsahamnida*]

E
Q: Juice, please.
A: Yes.
Q: Thank you.

Q: (　　　　), please.
A: Yes.
Q: Thank you.

日
Q: ジュース下さい。
A: はい。
Q: どうも。

Q: (　　　　)下さい。
A: はい。
Q: どうも。

中
Q: 请给我果汁。
A: 好的。
Q: 谢谢。

Q: 请给我(　　　　)。
A: 好的。
Q: 谢谢。

마트에 가요.

ㅋ	ㅌ	ㅍ	ㅊ	ㅎ
/k/	/t/	/p/	/ch/	/h/

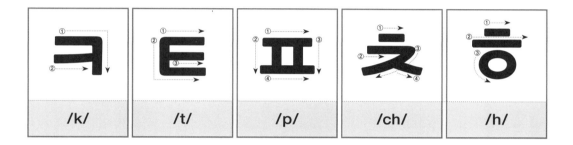

	ㅇ	ㅋ	ㅌ	ㅍ	ㅊ	ㅎ
ㅏ	아					
ㅑ						
ㅓ						
ㅕ						
ㅗ	오					

	ㅇ	ㅋ	ㅌ	ㅍ	ㅊ	ㅎ
ㅛ						
ㅜ						
ㅠ						
ㅡ						
ㅣ						
ㅐ						
ㅔ						
ㅖ						

듣기 track 36 듣고 따라하세요.

❶ 코 ❷ 쿠키 ❸ 투수 ❹ 포도 ❺ 기차

❻ 치즈 ❼ 피아노 ❽ 토마토 ❾ 하마 ❿ 호두

코	코	코	차	차	차

E nose
日 鼻
中 鼻子

E car
日 車
中 车

카드	카	드	쿠키	쿠	키

E card
日 カード
中 卡片

E cookie
日 クッキー
中 饼干

스키	스	키	노트	노	트

E ski
日 スキー
中 滑雪

E note
日 ノート
中 笔记本

투수	투	수	포도	포	도

E pitcher
日 投手
中 投手

E grape
日 葡萄
中 葡萄

피부	피	부	기차	기	차

E skin
日 肌
中 皮肤

E train
日 汽車
中 火车

치마	치	마	치즈	치	즈

E skirt
日 スカート
中 裙子

E cheese
日 チーズ
中 乳酪

하나	하	나	하루	하	루
1			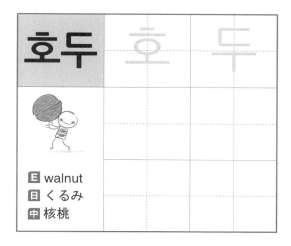		
E one 日 一 中 1个			E one day 日 一日 中 1天		

하마	하	마	해녀	해	녀
E hippo 日 カバ 中 河马			E women diver 日 海女 中 海女		

호두	호	두
E walnut 日 くるみ 中 核桃		

토마토	토	마	토
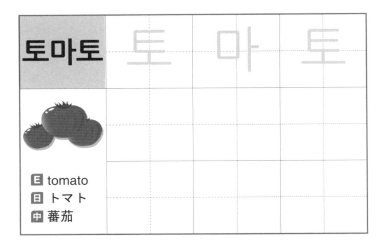 E tomato 日 トマト 中 蕃茄			

토스트	토	스	트
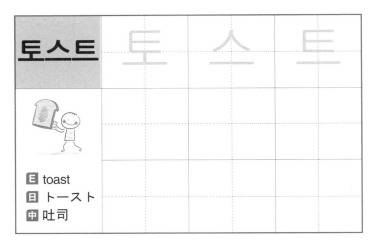 E toast 日 トースト 中 吐司			

피아노	피	아	노
E piano 日 ピアノ 中 钢琴			

1 듣고 따라하세요.
Listen and repeat. よく聞いてあとについて言ってください。请听录音并跟着朗读。 track 38

1) 카　　카　　커　　터　　토　　툐　　푸　　퓨　　프
치　　채　　체　　혜　　훠　　화　　회

2) 쿠　　　3) 터　　4) 펴　　5) 초　　6) 효　　7) 하

2 단어를 듣고 따라하세요. Listen to the words and repeat them.
単語を聞あとについて言ってください。请听单词并跟着朗读。 track 39

1) 쿠키　　2) 카드　　3) 투수　　4) 포도　　5) 치즈　　6) 하마

3 듣고 맞으면 ○, 틀리면 × 하세요. Listen and mark O if it is correct, and X if it is wrong.
よく聞いて正しければ○を、正しくなければ×を付けてください。
请听录音，正确的标○，错误的标×。 track 40

1) 카(　　○　　)　　2) 투(　　　　)　　3) 호(　　　　)

4) 포(　　　　)　　5) 치(　　　　)　　6) 하(　　　　)

4 듣고 맞는 것을 고르세요. Listen and circle the correct answer.
よく聞いて正しいものを選んでください。请听录音，选出正确的选项。 track 41

1) ① 카　② 커　③ 쿠　　　2) ① 터　② 토　③ 트

3) ① 푸　② 프　③ 피　　　4) ① 파　② 퍄　③ 표

5) ① 치　② 쳐　③ 초　　　6) ① 하　② 호　③ 후

5 듣고 맞는 것을 고르세요. Listen and circle the correct answer.

よく聞いて正しいものを選んでください。请听录音，选出正确的选项。

`track 42`

1) ① 스키　② 스시

2) ① 포도　② 보도

3) ① 투수　② 투우

4) ① 부부　② 피부

5) ① 하마　② 치마

6) ① 이리　② 허리

6 듣고 맞는 자음을 쓰세요. Listen and circle the correct consonants.

よく聞いて正しい子音を選んでください。请听录音写出正确的辅音。

`track 43`

1) 캬

(ㄱ , ㅋ)

2) ㅕ

(ㄷ , ㅌ)

3) ㅛ

(ㅂ , ㅍ)

4) ㅠ

(ㅈ , ㅊ)

5) ㅣ

(ㅇ , ㅎ)

6) ㅖ

(ㄱ , ㅋ)

7 듣고 쓰세요. Listen and write exactly what you heard.

よく聞いて書いてください。请听录音，完成单词。

`track 44`

1)

2)

3)

4)

명령할 때 쓰는 표현	**E** Expressions for asking	**日** 命令するときに使う表現	**中** 命令表現
• 타세요. • 하세요.	Take a transportation. Do it.	乗ってください。 やってください。	请乘坐。 请做。

TIP.

ㅊ = ㅊ
ㅎ = ㅎ

토마토 tomato / トマト / 蕃茄
코 nose / 鼻 / 鼻子
스키 ski / スキー / 滑雪
치마 skirt / スカート / 裙子
피아노 piano / ピアノ / 钢琴

쿠키 cookie / クッキー / 饼干
카드 card / カード / 卡片
토스트 toast / トースト / 吐司
치즈 cheese / チーズ / 乳酪

Q: 토마토예요?

A: 네, 토마토예요.

Q: (   )예요?

A: 네, (   )예요.

E
Q: Is it a tomato?
A: Yes, it is a tomato.

Q: Is it a/an (   )?
A: Yes, it is /an (   ).

日
Q: トマトですか。
A: はい、トマトです。

Q: (   )ですか。
A: はい、(   )です。

中
Q: 是蕃茄么?
A: 是的，是蕃茄。

Q: 是(   )么?
A: 是的，是(   )。

쿠키 cookie / クッキー / 饼干
토마토 tomato / トマト / 蕃茄

카드 card / カード / 卡片
토스트 toast / トースト / 吐司

Q: 쿠키 주세요.

A: 네.

Q: 감사합니다.

Q: (   ) 주세요.

A: 네.

Q: 감사합니다.

E
Q: Cookie, please.
A: Yes.
Q: Thank you.

Q: (   ), please.
A: Yes.
Q: Thank you.

日
Q: クッキーください。
A: はい。
Q: どうも。

Q: (   )ください。
A: はい。
Q: どうも。

中
Q: 请给我饼干。
A: 好的。
Q: 谢谢。

Q: 请给我(   )。
A: 好的。
Q: 谢谢。

마트 mart / スーパー / 超市   가게 shop / お店 / 店
시내 downtown / 市内 / 市內   제주도 Jeju island / 濟州道 / 濟州道

Q: 어디에 가요?

A: 마트에 가요.

Q: 어디에 가요?

A: (   )에 가요.

E
Q: Where are you going?
A: I am going to the market.

Q: Where are you going?
A: I am going to the (   ).

日
Q: どちらにお出掛けですか。
A: スーパーに行きます。

Q: どちらにお出掛けですか。
A: (   )に行きます。

中
Q: 去哪?
A: 去超市。

Q: 去哪?
A: 去(   )。

아파요 It hurts. / 痛いです / 痛　　　　　　　　커요 It's big. / 大きいです / 大，高
키가 커요 He/She is tall. / 背が高いです / 个子高

Q: 아파요?

A: 네, 아파요.

Q: 아파요?

A: 아니요.

Q: (　　　　　)?

A: 네, (　　　).

Q: (　　　　　)?

A: 아니요.

E Q: Are you sick?
　　 A: Yes, I am.

　　 Q: Are you sick?
　　 A: No, I am not.

　　 Q: (　　　)?
　　 A: Yes, (　　　).

　　 Q: (　　　)?
　　 A: No, (　　　)

日 Q: 痛いですか。
　　 A: はい、痛いです。

　　 Q: 痛いですか。
　　 A: いいえ。

　　 Q: (　　　)?
　　 A: はい、(　　　)。

　　 Q: (　　　)?
　　 A: いいえ。

中 Q: 痛么?
　　 A: 是的, 疼。

　　 Q: 痛么?
　　 A: 不。

　　 Q: (　　　)?
　　 A: 是的, (　　　)。

　　 Q: (　　　)?
　　 A: 不。

아주 예뻐요.

E Very pretty. 日 とてもきれいです。
中 非常漂亮。

/kk/	/tt/	/pp/	/ss/	/jj/

track 46

	ㅇ	ㄲ	ㄸ	ㅃ	ㅆ	ㅉ
ㅏ	아					
ㅑ						
ㅓ						
ㅕ						
ㅗ	오					
ㅛ						

	ㅇ	ㄲ	ㄸ	ㅃ	ㅆ	ㅉ
ㅜ						
ㅠ						
ㅡ						
ㅣ						
ㅐ						
ㅔ						
ㅖ						

발음
pronunciation 發音

1	2	3
가	까	카
다	따	타
바	빠	파
사	싸	
자	짜	차

듣기 track 48 **듣고 따라하세요.**

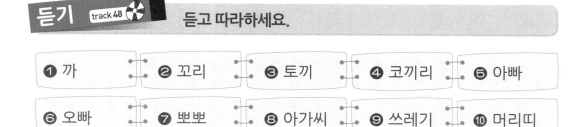

❶ 까   ❷ 꼬리   ❸ 토끼   ❹ 코끼리   ❺ 아빠

❻ 오빠   ❼ 뽀뽀   ❽ 아가씨   ❾ 쓰레기   ❿ 머리띠

뼈	뼈	뼈	씨	씨	씨
E bone 日 骨 中 骨头			E seed 日 種 中 种子 / 籽		

아빠	아	빠	오빠	오	빠
E dad 日 パパ 中 爸爸			E older brother 日 お兄さん 中 哥哥		

까치	까	치	꼬리	꼬	리
E magpie 日 カササギ 中 喜鹊			E tail 日 尻尾 中 尾巴		

꼬치	꼬	치	토끼	토	끼
skewered food			rabbit		
E skewered food			E rabbit		
日 串料理			日 ウサギ		
中 串			中 兔子		

뽀뽀	뽀	뽀	뿌리	뿌	리
E kiss			E root		
日 ちゅう			日 根		
中 亲亲			中 根		

가짜	가	짜	찌개	찌	개
E fake			E jjigae / Korean stew		
日 にせもの			日 チゲ		
中 仿冒品			中 汤 / 锅		

어깨	어	깨
 E shoulder 日 肩 中 肩膀		

두꺼비	두	꺼	비
E toad 日 ひきがえる 中 癩蛤蟆			

뻐꾸기	뻐	꾸	기
E cuckoo 日 カッコウ 中 杜鵑			

코끼리	코	끼	리
 E elephant 日 象 中 大象			

머리띠	머	리	띠
 E hair band 日 ヘアバンド 中 发箍			

쓰레기	쓰	레	기
 E waste 日 ごみ 中 垃圾			

아가씨	아	가	씨
 E lady 日 お嬢さん 中 小姐			

아저씨	아	저	씨
 E middle-aged man 日 おじさん 中 叔叔			

1 듣고 따라하세요.
Listen and repeat. よく聞いてあとについて言ってください。请听录音并跟着朗读。 `track 50`

1) 까　꺄　꺼　떠　또　뚀　뿌　뷰　쁘
씨　쌔　쎄　쪄　쭤　쫘　쬐

2) 꾸　　3) 떠　　4) 뼈　　5) 뽀　　6) 쏘　　7) 짜

2 단어를 듣고 따라하세요. Listen to the words and repeat them.
単語を聞あとについて言ってください。请听单词并跟着朗读。 `track 51`

1) 꼬리　　2) 아빠　　3) 뽀뽀　　4) 싸요　　5) 찌개　　6) 머리띠

3 듣고 맞으면 ○, 틀리면 ✕ 하세요. Listen and mark O if it is correct, and X if it is wrong.
よく聞いて正しければ○を、正しくなければ✕を付けてください。
请听录音，正确的标○，错误的标✕。 `track 52`

1) 까(　　✕　　)　　2) 뚜(　　　　)　　3) 뽀(　　　　)

4) 쩌(　　　　)　　5) 찌(　　　　)　　6) 쁘(　　　　)

4 듣고 맞는 것을 고르세요. Listen and circle the correct answer.
よく聞いて正しいものを選んでください。请听录音，选出正确的选项。 `track 53`

1) ① 가　② 까　③ 카　　　2) ① 다　② 따　③ 타

3) ① 브　② 쁘　③ 프　　　4) ① 샤　② 쌰　③ 챠

5) ① 주　② 쭈　③ 추　　　6) ① 봐　② 빠　③ 퐈

5 듣고 맞는 것을 고르세요. Listen and circle the correct answer.

よく聞いて正しいものを選んでください。请听录音，选出正确的选项。

track 54

1) ① 띠　　② 디

2) ① 토끼　　② 도끼

3) ① 싸요　　② 써요

4) ① 아파　　② 아빠

5) ① 고리　　② 꼬리

6) ① 서세요　② 쓰세요

6 듣고 맞는 자음을 쓰세요. Listen and circle the correct consonants.

よく聞いて正しい子音を選んでください。请听录音写出正确的辅音。

track 55

1)
꺄
(ㄱ , ㄲ)

2)
ㅋ
(ㄷ , ㄸ)

3)
ㅛ
(ㅂ , ㅃ)

4)
ㅠ
(ㅅ , ㅆ)

5)
ㅣ
(ㅈ , ㅉ)

6)
ㅔ
(ㄲ , ㅋ)

7 듣고 쓰세요. Listen and write exactly what you heard.

よく聞いて書いてください。请听录音，完成单词。

track 56

1)

2)

3)

4)

표현	E expressions	日 表現	中 表現
• 기뻐요.	I am happy.	嬉しいです。	高兴。
• 나빠요.	It is bad.	悪いです。	坏的 / 不好的。
• 싸요.	It is cheap.	安いです。	便宜。
• 비싸요.	It is expensive.	高いです。	贵。
• 쓰세요.	Write it.	書いてください。	请写。

코끼리 elephant / 象 / 大象　　　　　　꼬리 tail / 尻尾 / 尾巴
아빠 dad / パパ / 爸爸　　　　　　　　　오빠 older brother / お兄さん / 哥哥

Q: 코끼리예요?

A: 네, 코끼리예요.

Q: (　　　　)예요?

A: 네, (　　　　)예요.

E

Q: Is it an elephant?
A: Yes, it is an elephant.

Q: Is it a/an (　　　　　)?
A: Yes, it is a/an (　　　)。

日

Q: 象ですか。
A: はい、象です。

Q: (　　　)ですか。
A: はい、(　　　)です。

中

Q: 是大象么?
A: 是的，是大象。

Q: 是(　　　)么?
A: 是的，是(　　　)。

비싸요 expensive / 高いです / 貴 　　　　싸요 cheap / 安いです / 便宜

기뻐요 happy / 嬉しいです / 高兴 　　　예뻐요 pretty / きれいです / 漂亮

나빠요 bad / 悪いです / 坏

Q: 비싸요?

A: 네, 비싸요.

Q: 비싸요?

A: 아니요.

Q: (　　　)?

A: 네, (　　　).

Q: (　　　)?

A: 아니요.

E Q: Is it expensive?
A: Yes, it is.
Q: Is it expensive?
A: No, it is not.

Q: Is it (　　　　　)?
A: Yes, it is.
Q: Is it (　　　　　)?
A: No, it is not.

日 Q: 高いですか。
A: はい、高いです。
Q: 高いですか。
A: いいえ。

Q: (　　　)ですか。
A: はい、(　　　)です。
Q: (　　　)ですか。
A: いいえ。

中 Q: 贵么?
A: 是的, 贵。
Q: 贵么?
A: 不。

Q: (　　　)么?
A: 是的, (　　　)。
Q: (　　　)么?
A: 不。

뭐예요?

E What is it? **日** 何ですか。**中** 是什么?

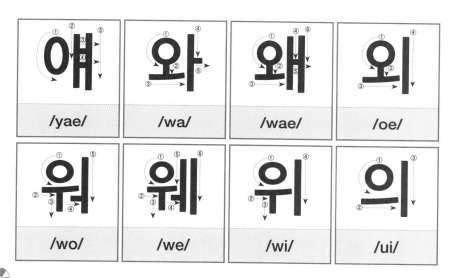

	/yae/	/wa/	/wae/	/oe/
애	**와**	**왜**	**외**	

/wo/	/we/	/wi/	/ui/
워	**웨**	**위**	**의**

track 58	ㅒ	ㅘ	ㅙ	ㅚ	ㅝ	ㅞ	ㅟ	ㅢ
ㅇ	얘	와						
ㄱ		과						
ㄴ								
ㄷ								
ㄹ								

	ㅐ	ㅘ	ㅙ	ㅚ	ㅝ	ㅖ	ㅟ	ㅢ
ㅁ								
ㅂ								
ㅅ								
ㅈ								
ㅊ								
ㅋ								
ㅌ								
ㅍ								
ㅎ								

듣기 track 59 듣고 따라하세요.

❶ 와 ❷ 의사 ❸ 가위 ❹ 과자 ❺ 돼지

❻ 화가 ❼ 회사 ❽ 취미 ❾ 최고 ❿ 웨이터

위	위	위	쇠	쇠	쇠
E up 日 上 中 上面			E iron 日 鉄 中 铁		

귀	귀	귀	뒤	뒤	뒤
E ear 日 耳 中 耳朵			E back 日 後 中 后面		

얘기	얘	기	의사	의	사
E talk 日 話 中 聊天			E doctor 日 医者 中 医生		

의자	의	자	과자	과	자
E chair 日 椅子 中 椅子			E snack 日 お菓子 中 零食		

사과	사	과	좌우	좌	우
E apple 日 りんご 中 苹果			E left right 日 左右 中 左右		

화가	화	가	돼지	돼	지
E painter 日 画家 中 画家			E pig 日 豚 中 猪		

교회	교	회		최고	최	고
E church 日 教会 中 教会				E best 日 最高 中 最高		

회사	회	사		회의	회	의
E company 日 会社 中 公司				E meeting 日 会議 中 会议		

가위	가	위		취미	취	미
E scissors 日 はさみ 中 剪刀				E hobby 日 趣味 中 兴趣		

쇼고기	쇼	고	기
E beef 日 牛肉 中 牛肉			

웨이터	웨	이	터
E waiter 日 ウエーター 中 服务员			

1 듣고 따라하세요.
Listen and repeat. よく聞いてあとについて言ってください。请听录音并跟着朗读。 `track 61`

1) 얘   예   와   왜   외   워   웨   위

2) 개   3) 녜   4) 좌   5) 쇄   6) 회   7) 취

2 단어를 듣고 따라하세요. Listen to the words and repeat them.
単語を聞あとについて言ってください。请听单词并跟着朗读。 `track 62`

1) 예의   2) 사과   3) 왜   4) 위   5) 웨이터   6) 외워요

3 듣고 맞으면 ○, 틀리면 × 하세요. Listen and mark O if it is correct, and X if it is wrong.
よく聞いて正しければ○を、正しくなければ×を付けてください。
请听录音，正确的标○，错误的标×。 `track 63`

1) 놔(○   )   2) 얘(   )   3) 례(   )

4) 쇄(   )   5) 줘(   )   6) 퀴(   )

4 듣고 맞는 것을 고르세요. Listen and circle the correct answer.
よく聞いて正しいものを選んでください。请听录音，选出正确的选项。 `track 64`

1) ① 개   ② 계   ③ 괴   2) ① 화   ② 훠   ③ 휘

3) ① 테   ② 퉤   ③ 퇴   4) ① 쐬   ② 쇄   ③ 쒀

5) ① 뻬   ② 삐   ③ 쁴   6) ① 외   ② 예   ③ 위

5 듣고 맞는 것을 고르세요. Listen and circle the correct answer.

よく聞いて正しいものを選んでください。请听录音，选出正确的选项。

track 65

1) ① 의사　② 의자

2) ① 돼지　② 대지

3) ① 회사　② 호사

4) ① 과자　② 가자

5) ① 예의　② 에이

6) ① 뛰어요　② 띠어요

6 듣고 맞는 모음을 쓰세요. Listen and circle the correct vowels.

よく聞いて正しい母音を選んでください。请听录音写出正确的元音。

track 66

1) 놔
(ㅘ , ㅚ)

2) ㅇ
(ㅖ , ㅙ)

3) ㅁ
(ㅝ , ㅞ)

4) ㄷ
(ㅟ , ㅣ)

5) ㅎ
(ㅒ , ㅙ)

6) ㅆ
(ㅟ , ㅢ)

7 듣고 쓰세요. Listen and write exactly what you heard.

よく聞いて書いてください。请听录音，完成单词。

track 67

1)

2)

3)

4)

표현	E expressions	日 表現	中 表現
• 왜요?	Why?	どうしてですか。	为什么?
• 뛰어요.	Run.	走ります。	跳 / 跑 / 追。
• 더워요.	It is hot.	暑いです。	热。
• 추워요.	It is cold.	寒いです。	冷。
• 쉬워요.	It is easy.	易しいです。	容易。
• 어려워요.	It is difficult.	難しいです。	难。
• 가까워요.	It is near.	近いです。	近。
• 시끄러워요.	It is noisy.	うるさいです。	吵。
• 매워요.	It is spicy.	辛いです。	辣。
• 외워요.	Memorize.	覚えます。	背诵。
• 봐요.	See.	見ます。	看。

말하기

의자 chair / 椅子 / 椅子

과자 snack / お菓子 / 零食

교회 church / 教会 / 教会

Q: 뭐예요?

A: 의자예요.

Q: 뭐예요?

A: (   )예요.

E

Q: What is this?

A: It is a chair.

Q: What is this?

A: It is a/an (   ).

日

Q: 何ですか。

A: 椅子です。

Q: 何ですか。

A: (   )です。

中

Q: 是什么?

A: 是椅子。

Q: 是什么?

A: 是(   )。

의사 doctor / お医者さん / 医生
아빠 dad / パパ / 爸爸
화가 painter / 画家 / 画家

오빠 older brother / お兄さん / 哥哥
누나 older sister / お姉さん / 姐姐
웨이터 waiter / ウエーター / 服务员

Q: 누구예요?

A: 의사예요.

Q: 누구예요?

A: (   )예요.

E

Q: Who is he/she?

A: He/She is a doctor.

Q: Who is he/she?

A: He/She is a/an (   ).

日

Q: 誰ですか。

A: お医者さんです。

Q: 誰ですか。

A: (   )です。

中

Q: 是谁?

A: 是医生。

Q: 是谁?

A: 是(   )。

더워요 It is hot. / 暑いです / 热
쉬워요 It is easy. / 易しいです / 容易
가까워요 It is near. / 近いです / 近
시끄러워요 It is noisy. / うるさいです / 吵
뛰어요 Run. / 走ります / 跳

추워요 It is cold. / 寒いです / 冷
어려워요 It is difficult. / 難しいです / 难
매워요 It is spicy. / 辛いです / 辣
봐요 See. / 見ます / 看
외워요 Memorize. / 覚えます / 背诵

Q: 더워요?

A: 네, 더워요.

Q: 더워요?

A: 아니요.

Q: (   )?

A: 네, (   ).

Q: (   )?

A: 아니요.

E Q: Is it hot?
A: Yes, it is hot.
Q: Is it hot?
A: No, it is not.

Q: Is it (   )?
A: Yes, it is (   ).
Q: Is it (   )?
A: No, it is not.

日 Q: 暑いですか。
A: はい、暑いです。
Q: 暑いですか。
A: いいえ。

Q: (   )?
A: はい、(   )。
Q: (   )?
A: いいえ。

中 Q: 热么?
A: 是的，热。
Q: 热么?
A: 不。

Q: (   )?
A: 是的，(   )。
Q: (   )?
A: 不。

재미있어요.

E It is interesting. 日 おもしろいです。
中 有趣。

받침글자	소리	예
ㄱ	ㄱ [-k]	책
ㅋ		부엌
ㄲ		밖
ㄴ	ㄴ [-n]	니은
ㄷ	ㄷ [-t]	디귿
ㅌ		티읕
ㅅ		시옷
ㅆ		있-
ㅈ		지읒
ㅊ		꽃
ㅎ		히읗

받침글자	소리	예
ㄹ	ㄹ [-l]	달
ㅁ	ㅁ [-m]	잠
ㅂ	ㅂ [-p]	밥
ㅍ		앞
ㅇ	ㅇ [-ng]	공
ㄳ ㄶ ㄵ ㄼ ㄾ ㅄ ㅀ	In the case of the first consonant is pronounced 二重パッチムのうち左の子音字母を発音する例 双收音中发左边音的例子	몫, 많-, 앉-, 여덟, 핥-, 없-, 싫-
ㄺ ㄻ ㄿ	In the case of the seceond consonant is pronounced 重パッチムのうち右の子音字母を発音する例 双收音中发右边音的例子	닭, 앎, 읊-

듣기 track 70 **듣고 따라하세요.**

❶ 책 ❷ 밖 ❸ 눈 ❹ 옷 ❺ 꽃

❻ 입 ❼ 닭 ❽ 달 ❾ 방 ❿ 손

값 [갑]	값	값	꽃 [꼳]	꽃	꽃
₩ 1,000 E price 日 値段 中 价格			 E flower 日 花 中 花		
눈 [눈]	눈	눈	달 [달]	달	달
  E eyes 日 目 中 眼睛			 E moon 日 月 中 月亮		
닭 [닥]	닭	닭	디귿 [디귿]	디 귿	디 귿
  E chicken 日 鶏 中 鸡			ㄷ E digeut 日 字母 'ㄷ' 的名称 中 韩文辅音 "ㄷ" 的名称		

밖 [박]	밖	밖	발 [발]	발	발
 E outside **日** 外 **中** 外面			 **E** foot **日** 足 **中** 脚		

방 [방]	방	방	손 [손]	손	손
 E room **日** 部屋 **中** 房间			 **E** hand **日** 手 **中** 手		

손톱 [손톱]	손	톱	앞 [압]	앞	앞
 E nail **日** 手の爪 **中** 指甲			 **E** front **日** 前 **中** 前面		

여덟 [여덜]	여	덟	옷 [온]	옷	옷
8 E eight 日 八 中 八			E clothes 日 衣服 中 衣服		

지읒 [지읃]	지	읒	티읕 [티읃]	티	읕
ㅈ E jieut 日 字母 'ㅈ' 의 名称 中 韩文辅音 "ㅈ" 的 名称			**ㅌ** E tieut 日 字母 'ㅌ' 의 名称 中 韩文辅音 "ㅌ" 的 名称		

팔 [팔]	팔	팔	히읗 [히읃]	히	읗
E arm 日 腕 中 手臂			**ㅎ** E hieut 日 字母 'ㅎ' 의 名称 中 韩文辅音 "ㅎ" 的 名称		

가구점 [가구점]	가	구	점
 E furniture store 日 家具店 中 家具店			

화장실 [화장실]	화	장	실
 E toilet 日 トイレ 中 化妆室 / 　厕所			

1 듣고 따라하세요.
Listen and repeat. よく聞いてあとについて言ってください。请听录音并跟着朗读。 `track 72`

1) 악　　　안　　　앝　　　알　　　암　　　압　　　앙

2) 샀　　　3) 많　　4) 앉　　5) 밟　　6) 값　　7) 읽

2 단어를 듣고 따라하세요. Listen to the words and repeat them.
単語を聞あとについて言ってください。请听单词并跟着朗读。 `track 73`

1) 방　　　2) 값　　　3) 날　　　4) 식당　　5) 꽃　　6) 여덟

3 듣고 맞으면 ○, 틀리면 × 하세요. Listen and mark O if it is correct, and X if it is wrong.
よく聞いて正しければ○を、正しくなければ×を付けてください。
请听录音，正确的标○，错误的标×。 `track 74`

1) 밖(　　×　　)　　2) 눈(　　　　)　　3) 꽃(　　　　)

4) 옷(　　　　)　　5) 발(　　　　)　　6) 값(　　　　)

4 듣고 맞는 것을 고르세요. Listen and circle the correct answer.
よく聞いて正しいものを選んでください。请听录音，选出正确的选项。 `track 75`

1) ① 손　② 송　③ 솔　　　2) ① 달　② 담　③ 당

3) ① 발　② 밭　③ 박　　　4) ① 반　② 방　③ 밭

5) ① 앞　② 악　③ 안　　　6) ① 단　② 닫　③ 닭

5 듣고 맞는 것을 고르세요. Listen and circle the correct answer.

よく聞いて正しいものを選んでください。请听录音，选出正确的选项。

1) ① 지은　② 지읒　　　　2) ① 디귿　② 디글

3) ① 티읔　② 티읕　　　　4) ① 히읗　② 히음

5) ① 화장실　② 화잔실　　6) ① 시작　② 시장

6 듣고 맞는 자음을 쓰세요. Listen and circle the correct consonants.

よく聞いて正しい子音を選んでください。请听录音写出正确的辅音。

1) 일
(ㄹ , ㅈ)

2) 사
(ㅇ , ㅁ)

3) 네
(ㅅ , ㅇ)

4) 유
(ㄱ , ㄷ)

5) 시
(ㅊ , ㅂ)

6) 처
(ㅌ , ㄴ)

7 듣고 쓰세요. Listen and write exactly what you heard.

よく聞いて書いてください。请听录音，完成单词。

1)

2)

3)

4)

표현	E expressions	日 表現	中 表現
• 있어요[이써요]	There it is.	あります,います。	有
• 없어요[업써요]	There it is not.	ありません,いません。	没有
• 많아요[마나요]	many/ much	多いです。	多
• 앉아요[안자요]	Sit.	座ります。	坐
• 읽어요[일거요]	Read.	読みます。	读

Q: 뭐예요?

A: **책**이에요.[채기에요]

Q: 뭐예요?

A: **꽃**이에요.[꼬치에요]

Q: 뭐예요?

A: **빵**이에요.[빵이에요]

Q: 뭐예요?

A: **달**이에요.[다리에요]

E

Q: What is it.
A; It is a book.
Q: What is it?
A: It is a flower.
Q: What is it?
A: It is bread.
Q: What is it?
A: It is the moon.

日

Q: 何ですか。
A: 本です。
Q: 何ですか。
A: 花です。
Q: 何ですか。
A: パンです。
Q: 何ですか。
A: 月です。

中

Q: 是什么?
A: 是书。
Q: 是什么?
A: 是花。
Q: 是什么?
A: 是面包
Q: 是什么?
A: 是月亮。

Q: 커피 **있어요**?[이써요]

A: 네, **있어요**.

Q: 커피 **있어요**?

A: 아니요, **없어요**.[업써요]

Q: **책** 주세요.[책]

A: 네.

Q: **꽃** 주세요.[꼳]

A: 네.

Q: Is there coffee?

A; Yes, there is.

Q: Is there coffee?

A: No, there is not.

Q: A book, please. (Please give me a book.)

A: Yes.

Q: One flower, please. (Please give me flower.)

A: Yes.

Q: コーヒーありますか。

A: はい、あります。

Q: コーヒーありますか。

A: いいえ、ありません。

Q: 本 下さい。

A: はい。

Q: 花 下さい。

A: はい。

Q: 有咖啡么?

A: 是的, 有。

Q: 有咖啡么?

A: 不, 没有。

Q: 请把书给我。

A: 好的。

Q: 请把花给我。

A: 好的。

앞 글자 받침 뒤에 모음이 오면 받침이 위로 올라갑니다.

The final consonant of a syllable carries over to the next syllable if the next syllable begins with a vowel.

前の文字のパッチムの後ろに母音が来るとパッチムが上のほうに移されます。

前面单词的收音遇到后面元音(ㅇ)时，收音便移到后面的音节上。

곰이 → [고미]

track 80

만일	[마닐]	만일에	[마니레]
음악	[으막]	음악이	[으마기]
발음	[바름]	발음에	[바르메]
월요일	[워료일]	목요일	[모교일]
바람이	[바라미]	꺾이다	[꺼끼다]

쓰기

1. 이것은   [이거슨   ]

2. 앞에   [   ]

3. 잊어버리다   [   ]

4. 있어요   [   ]

5. 직업   [   ]

6. 단어   [   ]

7. 밤에   [   ]

8. 어린이   [   ]

말하기

1. 몸(body, 体, 身体)

머리	head	頭	头
머리카락	hair	髪の毛	头发
귀	ear	耳	耳朵
어깨	shoulder	肩	肩膀
가슴	chest	胸	胸
배	stomach	腹	肚子
배꼽	navel	ヘソ	肚脐
팔	arm	腕	手臂
손	hand	手	手
다리	leg	脚	腿
발	foot	足	脚

2. 얼굴(face, 顔, 脸)

눈썹	eyebrow	眉毛	眉毛
눈	eye	目	眼睛
눈동자	pupil	瞳	眼珠
코	nose	鼻	鼻子
입	mouth	口	嘴巴

3. 팔(arm, 腕, 手臂)

팔꿈치	elbow	肘	手肘
팔뚝	forearm	腕 (肘の先)	下手臂
손목	wrist	手首	手腕
손톱	nail	手の爪	指甲
손가락	finger	手の指	手指

08 [복습] 한국어로 말해요.

> E Let's speak Korean.
> 日 韓国語で話しましょう。 中 用韩语说一说

ㄱ	[k/g]	ㄱ	ㄱ	가	가	가	가	가	가	가
ㄴ	[n]	ㄴ		나	나					
ㄷ	[t/d]	ㄷ		다	다					
ㄹ	[r/l]	ㄹ		라	라					
ㅁ	[m]	ㅁ		마	마					
ㅂ	[p/b]	ㅂ		바	바					
ㅅ	[s]	ㅅ		사	사					
ㅇ	[ŋ]	ㅇ		아	아					
ㅈ	[tʃ]	ㅈ		자	자					

ㅊ	[tʃh]	ㅊ		차	차					
ㅋ	[kh]	ㅋ		카	카					
ㅌ	[th]	ㅌ		타	타					
ㅍ	[ph]	ㅍ		파	파					
ㅎ	[h]	ㅎ		하	하					
ㄲ	[k´]	ㄲ		까	까					
ㄸ	[d´]	ㄸ		따	따					
ㅃ	[b´]	ㅃ		빠	빠					
ㅆ	[s´]	ㅆ		싸	싸					
ㅉ	[ch´] [tʃ´]	ㅉ		짜	짜					

	ㅏ	ㅑ	ㅓ	ㅕ	ㅗ	ㅛ	ㅜ	ㅠ	ㅡ	ㅣ
ㄱ	가	갸	거	겨	고	교	구	규	그	기
ㄴ	나	냐	너	녀	노	뇨	누	뉴	느	니
ㄷ	다	댜	더	뎌	도	됴	두	듀	드	디
ㄹ	라	랴	러	려	로	료	루	류	르	리
ㅁ	마	먀	머	며	모	묘	무	뮤	므	미
ㅂ	바	뱌	버	벼	보	뵤	부	뷰	브	비
ㅅ	사	샤	서	셔	소	쇼	수	슈	스	시
ㅇ	아	야	어	여	오	요	우	유	으	이
ㅈ	자	쟈	저	져	조	죠	주	쥬	즈	지
ㅊ	차	챠	처	쳐	초	쵸	추	츄	츠	치

	ㅏ	ㅑ	ㅓ	ㅕ	ㅗ	ㅛ	ㅜ	ㅠ	ㅡ	ㅣ
ㅋ	카	캬	커	켜	코	쿄	쿠	큐	크	키
ㅌ	타	탸	터	텨	토	툐	투	튜	트	티
ㅍ	파	퍄	퍼	펴	포	표	푸	퓨	프	피
ㅎ	하	햐	허	혀	호	효	후	휴	흐	히
ㄲ	까	꺄	꺼	껴	꼬	꾜	꾸	뀨	끄	끼
ㄸ	따	땨	떠	뗘	또	뚀	뚜	뜌	뜨	띠
ㅃ	빠	뺘	뻐	뼈	뽀	뾰	뿌	쀼	쁘	삐
ㅆ	싸	쌰	써	쎠	쏘	쑈	쑤	쓔	쓰	씨
ㅉ	짜	쨔	쩌	쪄	쪼	쬬	쭈	쮸	쯔	찌

	ㅐ	ㅒ	ㅔ	ㅖ	ㅘ	ㅙ	ㅚ	ㅝ	ㅞ	ㅟ	ㅢ
ㄱ	개	걔	게	계	과	괘	괴	궈	궤	귀	긔
ㄴ	내	냬	네	녜	놔	놰	뇌	눠	눼	뉘	늬
ㄷ	대	댸	네	뎨	돠	돼	되	둬	뒈	뒤	듸
ㄹ	래	럐	레	례	롸	뢔	뢰	뤄	뤠	뤼	릐
ㅁ	매	먜	메	몌	뫄	뫠	뫼	뭐	뭬	뮈	믜
ㅂ	배	뱨	베	볘	봐	봬	뵈	붜	붸	뷔	븨
ㅅ	새	섀	세	셰	솨	쇄	쇠	숴	쉐	쉬	싀
ㅇ	애	얘	에	예	와	왜	외	워	웨	위	의
ㅈ	재	쟤	제	졔	좌	좨	죄	줘	줴	쥐	즤

	ㅐ	ㅒ	ㅔ	ㅖ	ㅘ	ㅙ	ㅚ	ㅝ	ㅞ	ㅟ	ㅢ
ㅊ	채	챼	체	쳬	촤	쵀	최	춰	췌	취	츼
ㅋ	캐	컈	케	켸	콰	쾌	쾨	쿼	퀘	퀴	킈
ㅌ	태	턔	테	톄	톼	퇘	퇴	퉈	퉤	튀	틔
ㅍ	패	퍠	페	폐	퐈	퐤	푀	풔	풰	퓌	픠
ㅎ	해	햬	헤	혜	화	홰	회	훠	훼	휘	희
ㄲ	깨	꺠	께	꼐	꽈	꽤	끼	꿔	꿰	뀌	끠
ㄸ	때	떄	떼	뗴	똬	뙈	뙤	뚸	뛔	뛰	띄
ㅃ	빼	뺴	뻬	뼤	뽜	뾔	뾔	뿨	쀄	쀠	쁴
ㅆ	쌔	썌	쎄	쎼	쏴	쐐	쐬	쒀	쒜	쒸	씌
ㅉ	째	쨰	쩨	쪠	쫘	쫴	쬐	쭤	쮀	쮜	쯰

1 듣고 따라하세요.

Listen and repeat. よく聞いてあとについて言ってください。请听录音并跟着朗读。

1) 아 야 어 여 오 요 우 유 으 이

2) 애 얘 에 예 와 왜 외 워 웨 위 의

3) 가 나 다 라 마 바 사 아 자 차 카 타
   파 하 까 따 빠 싸 짜

4) 각 갂 갃 난 닫 닽 닷 닸 닺 닻 닿 랄
   맘 밥 밦 상

2 단어를 듣고 따라하세요. Listen to the words and repeat them.

単語を聞あとについて言ってください。请听单词并跟着朗读。

1) 오이, 아이, 아야, 여우, 우유, 이유

2) 아기, 야구, 여기, 고기, 가게, 개, 누구, 구두, 다리, 우리, 라디오

3) 나무, 머리, 모기, 바다, 버스, 다시, 어제, 사자, 주스, 저기, 가수

4) 쿠키, 스키, 카드, 키스, 피부, 기차, 치마, 피아노, 토스트, 아파요

5) 꼬리, 토끼, 아빠, 뽀뽀, 코끼리, 머리띠, 아저씨, 싸요, 비싸요

6) 예의, 의사, 가위, 과자, 돼지, 지혜, 화가, 회의, 웨이터, 더워요

7) 책, 밖, 눈, 옷, 꽃, 화장실, 백화점, 식당, 있어요, 없어요, 많아요

③ 🗨 **듣고 맞으면 ○, 틀리면 × 하세요.** Listen and mark O if it is correct, and X if it is wrong.

よく聞いて正しければ○を、正しくなければ×を付けてください。

请听录音，正确的标○，错误的标×。

track 84

1) 까(×   )   2) 투(   )   3) 뽀(   )

4) 쩌(   )   5) 찌(   )   6) 쁘(   )

7) 카(   )   8) 뚜(   )   9) 호(   )

10) 포(   )   11) 치(   )   12) 하(   )

13) 까(   )   14) 푸(   )   15) 허(   )

④ 🗨 **듣고 맞는 것을 고르세요.** Listen and circle the correct answer.

よく聞いて正しいものを選んでください。请听录音，选出正确的选项。

track 85

1) ① 가   ② 까   ③ 카   2) ① 다   ② 따   ③ 타

3) ① 브   ② 쁘   ③ 프   4) ① 샤   ② 쌰   ③ 챠

5) ① 주   ② 쭈   ③ 추   6) ① 봐   ② 빠   ③ 퐈

7) ① 방   ② 빵   ③ 팡   8) ① 잠   ② 짬   ③ 참

9) ① 골   ② 꼴   ③ 콜   10) ① 단   ② 딴   ③ 탄

11) ① 산   ② 싼   ③ 찬   12) ① 강   ② 깡   ③ 캉

⑤ 🗨 **듣고 맞는 것을 고르세요.** Listen and circle the correct answer.

よく聞いて正しいものを選んでください。请听录音，选出正确的选项。

track 86

1) ① 띠   ② 디   2) ① 토끼   ② 도끼

3) ① 고리   ② 꼬리   4) ① 아파   ② 아빠

5) ① 자요   ② 짜요   6) ① 서세요   ② 쓰세요

7) ① 싸요   ② 써요   8) ① 더워요   ② 도와요

9) ① 쉬어요   ② 쉬워요   10) ① 잡아요   ② 짧아요

6 듣고 맞는 모음을 쓰세요. Listen and circle the correct vowels.
よく聞いて正しい母音を選んでください。请听录音写出正确的元音。

track 87

1) 놔 (ㅘ, ㅚ)

2) ㅇ (ㅖ, ㅒ)

3) ㅁ (ㅝ, ㅞ)

4) ㅋ (ㅟ, ㅣ)

5) ㅎ (ㅐ, ㅙ)

6) ㅆ (ㅟ, ㅢ)

7) ㄷ (ㅘ, ㅚ)

8) ㅍ (ㅖ, ㅒ)

9) ㅊ (ㅝ, ㅞ)

10) ㄱ (ㅟ, ㅢ)

11) ㅅ (ㅐ, ㅙ)

12) ㅈ (ㅟ, ㅢ)

13) ㅈ (ㅘ, ㅚ)

14) ㅎ (ㅟ, ㅐ)

15) ㅂ (ㅘ, ㅞ)

7 듣고 쓰세요. Listen and write exactly what you heard.
よく聞いて書いてください。请听录音，完成单词。

track 88

1) 가위

3) 기

2) 어

4) 타

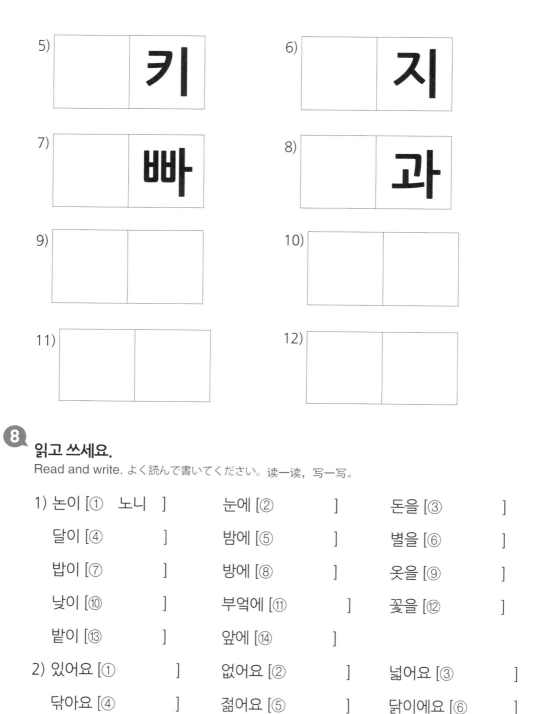

5)	키	6)	지
7)	빠	8)	과
9)		10)	
11)		12)	

8 읽고 쓰세요.

Read and write. よく読んで書いてください。读一读，写一写。

1) 논이 [① 노니]　　눈에 [② 　　]　　돈을 [③ 　　]

　달이 [④ 　　]　　밤에 [⑤ 　　]　　별을 [⑥ 　　]

　밥이 [⑦ 　　]　　방에 [⑧ 　　]　　옷을 [⑨ 　　]

　낮이 [⑩ 　　]　　부엌에 [⑪ 　　]　　꽃을 [⑫ 　　]

　밭이 [⑬ 　　]　　앞에 [⑭ 　　]

2) 있어요 [① 　　]　　없어요 [② 　　]　　넓어요 [③ 　　]

　닦아요 [④ 　　]　　젊어요 [⑤ 　　]　　닭이에요 [⑥ 　　]

　앉아요 [⑦ 　　]　　읽어요 [⑧ 　　]　　밟아요 [⑨ 　　]

9 아래에 제시된 단어를 빈칸에 넣고 친구들과 빙고 게임을 해 보세요.
Write the vocabulary words below in the blanks and play bingo game with your classmates.
次の単語を空欄に書き込んで、クラスの友だちとビンゴゲームをしてみましょう。
请把下面列出的单词填到空格中，并与朋友们试试玩格子游戏。

1)

우유	개	누구	누나
라디오	배	가수	치마
꼬리	오빠	귀	밖
눈	별	화장실	옆

2)

오이	야구	누구	버스
스키	투수	꼬리	아빠
화가	부엌	벽	손
꽃	달	닭	값

10 다음에 제시된 단어를 찾아 동그라미 해 보세요. Find the vocabulary words in the box and circle them. 次の単語を見つけて○を付けてください。 请试试找到并圈出下面列举的单词。

나비	사과	언니	오빠	방	김치	베개

나	가	사	자	밤	종	담
방	비	과	연	에	소	요
오	빵	언	닭	김	치	약
빠	니	베	개	고	기	산

나무	피부	기차	코끼리	돼지	화장실

나	피	사	차	화	파	심
무	비	부	기	장	실	라
돼	팡	언	닭	김	끼	약
바	지	게	귀	코	기	잠

Ⅱ. 유용한 단어

Useful Words
役に立つ単語
有用的单词

1. 나라 / country / 国 / 国家

	한국말	English	日本語	汉语
1	한국	Republic of Korea	韓国	韩国
2	대만	Taiwan	台湾	臺灣
3	독일	Germany	ドイツ	德国
4	러시아	Russia	ロシア	俄罗斯
5	미국	the USA	アメリカ	美国
6	베트남	Vietnam	ベトナム	越南
7	영국	the United Kingdom	イギリス	英国
8	인도	India	インド	印度
9	일본	Japan	日本	日本
10	중국	China	中国	中国
11	캐나다	Canada	カナダ	加拿大
12	태국	Thailand	タイ	泰国
13	프랑스	France	フランス	法国
14	필리핀	Philippines	フィリピン	菲律宾
15	호주	Australia	オーストラリア	澳大利亚

2. 방향 / directions / 方向 / 方向

	한국말	English	日本語	汉语
1	여기	here	ここ	这里
2	거기	over there	そこ	那里
3	저기	over there	あそこ	那边
4	안	inside	中	里面
5	밖	outside	外	外面
6	속	inside, within	中	里面
7	위	above	上	上面
8	아래	below	下	下面
9	앞	in front of	前	前面
10	뒤	behind	後ろ	后面
11	옆	to the side	横	旁边
12	오른쪽	to the right	右	右边
13	왼쪽	to the left	左	左边

3. 기숙사 물건 / objects in the dormitory / 寮の物 / 宿舍物品

	한국말	English	日本語	汉语
1	냉장고	refrigerator	冷蔵庫	冰箱
2	베개	pillow	枕	枕头
3	선풍기	fan	扇風機	电风扇
4	신발	shoes	靴	鞋
5	쓰레기통	trash can	ゴミ箱	垃圾桶
6	옷	clothes	服	衣服
7	옷걸이	hanger	ハンガー	衣架
8	옷장	wardrobe	タンス	衣柜
9	에어컨	air conditioner	エアコン	空调 / 冷气
10	이불	blanket	布団	被子
11	정수기	water purifier	浄水器	净水器
12	창문	window	窓	窗户
13	침대	bed	ベッド	床
14	커튼	curtain	カーテン	窗帘
15	컵	cup	コップ	杯子

4. 교실 물건 / objects in the classroom / 教室の物 / 教室物品

	한국말	English	日本語	汉语
1	가위	scissors	はさみ	剪刀
2	공책	notebook	ノート	笔记本
3	사전	dictionary	辞書	字典
4	연필	pencil	鉛筆	铅笔
5	의자	chair	椅子	椅子
6	종이	paper	紙	纸
7	지우개	eraser	消しゴム	橡皮
8	책	book	本	书
9	책상	desk	机	书桌
10	테이프	tape	テープ	磁带
11	풀	glue	のり	胶水
12	필통	pencil case	筆箱	笔筒
13	화이트	whiteout	修正液	修正液

5. 휴대 물품 / personal goods / 携帯品 / 随身携带品

	한국말	English	日本語	汉语
1	가방	bag	カバン	包包
2	물 / 물통	water / water bottle	水／水筒	水/水桶
3	메모지	memo pad	メモ用紙	便条纸
4	선글라스	sunglasses	サングラス	墨镜
5	안경	glasses	眼鏡	眼镜
6	여권	passport	パスポート	护照
7	지갑	wallet	財布	钱包
8	지도	map	地図	地图
9	휴대전화	mobile phone	携帯電話	手机
10	휴지	tissue	ティッシュペーパー	面纸
11	화장품	cosmetics	化粧品	化妆品
12	카드 -교통카드 -전화카드 -신용카드	card -transportation card -telephone card -credit card	カード -交通カード -電話カード -クレジットカード	卡 -交通卡 电话卡 信用卡

6. 몸 / body parts / 体 / 身体

	한국말	English	日本語	汉语
1	머리(카락)	hair	髪の毛	头(头发)
2	얼굴	face	顔	脸
3	눈	eye	目	眼睛
4	코	nose	鼻	鼻子
5	입	mouth	口	嘴巴
6	귀	ear	耳	耳朵
7	목	neck	首、喉	脖子
8	어깨	shoulder	肩	肩膀
9	팔	arm	腕	手臂
10	다리	leg	脚	腿
11	무릎	knee	膝	膝盖
12	발	foot	足	脚
13	가슴	chest	胸	胸
14	배	stomach	腹	肚子
15	엉덩이	bottom	尻	屁股
16	허리	waist	腰	腰

7. 요일 / dates / 曜日 / 星期

	한국말	English	日本語	汉语
1	월요일	Monday	月曜日	星期一
2	화요일	Tuesday	火曜日	星期二
3	수요일	Wednesday	水曜日	星期三
4	목요일	Thursday	木曜日	星期四
5	금요일	Friday	金曜日	星期五
6	토요일	Saturday	土曜日	星期六
7	일요일	Sunday	日曜日	星期日
8	주말	weekends	週末	周末

8. 월 / month / 月 / 月/月份

	한국말	English	日本語	汉语
1	일월	January	一月	一月
2	이월	February	二月	二月
3	삼월	March	三月	三月
4	사월	April	四月	四月
5	오월	May	五月	五月
6	유월	June	六月	六月
7	칠월	July	七月	七月
8	팔월	August	八月	八月
9	구월	September	九月	九月
10	시월	October	十月	十月
11	십일월	November	十一月	十一月
12	십이월	December	十二月	十二月

9. 장소 / places / 場所 / 场所

	한국말	English	日本語	汉语
1	가게	store	お店	商店
2	교실	classroom	教室	教室
3	극장(영화관)	theater(cinema)	劇場(映画館)	剧场(电影院)
4	기숙사	dormitory	寮、寄宿舎	宿舍
5	도서관	library	図書館	图书馆
6	미용실	hair shop	美容室	美容室
7	백화점	department store	デパート、百貨店	百货公司
8	병원	hospital	病院	医院
9	식당	restaurant	食堂	餐厅
10	약국	pharmacy	薬局	药局
11	은행	bank	銀行	银行
12	주차장	parking lot	駐車場	停车场
13	지하철역	metro station	地下鉄駅	地铁站
14	집	house / home	家	家
15	커피숍(카페)	coffee shop	コーヒーショップ カフェ	咖啡厅(咖啡馆)
16	편의점	convenient store	コンビニ	便利店
17	학교	school	学校	学校
18	화장실	washroom	トイレ	厕所
19	빵집(빵가게)	bakery	パン屋さん	面包店(面包店)
20	찜질방	jjimjilbang (Korean sauna)	チムチルバン (韓国式のサウナ)	汗蒸房

10. 과일 및 채소 / fruits & vegitables / 果物及び野菜 / 水果及蔬菜

	한국말	English	日本語	汉语
1	귤	tangerine	みかん	橘子
2	바나나	banana	バナナ	香蕉
3	복숭아	peach	もも	桃子
4	사과	apple	りんご	苹果
5	수박	watermelon	すいか	西瓜
6	포도	grape	ぶどう	葡萄
7	딸기	strawberry	いちご	草莓
8	감자	potato	ジャガイも	马铃薯 / 土豆 / 甘蔗
9	당근	carrot	ニンジン	胡萝卜
10	마늘	garlic	にんにく	大蒜
11	배추	cabbage	白菜	白菜
12	오이	cucumber	キュウリ	小黄瓜
13	양파	onion	玉ねぎ	洋葱
14	호박	pumpkin, zucchini	かぼちゃ	南瓜

11. 색깔 / color / 色 / 颜色

	한국말	English	日本語	汉语
1	갈색	brown	茶色	褐色
2	검은색	black	黒	黑色
3	남색	navy	ダークブルー	深蓝色
4	노란색	yellow	黄	黄色
5	보라색	violet	紫	紫色
6	빨간색	red	赤	红色
7	주황색	orange	オレンジ	橘黄色
8	초록색	green	緑	绿色
9	파란색	blue	青	蓝色
10	회색	grey	グレー	灰色
11	흰색	white	白	白色

12. 음식 / food / 食べ物 / 食物

	한국말	English	日本語	汉语
1	김밥	gimbap	のり巻き	紫菜包饭
2	김치	kimchi	キムチ	泡菜
3	냉면	naengmyeon	冷麺	冷面
4	돈가스	pork cutlet	豚カツ	炸猪排
5	라면	ramen	ラーメン	泡面
6	만두	dumpling	餃子	饺子
7	불고기	bulgogi	ブルコギ／焼き肉	烤肉
8	비빔밥	bibimbap	ビビンパ	拌饭
9	삼계탕	chicken stew	蔘鷄湯	参鸡汤
10	스파게티	spaghetti	スパゲッティ	意大利面
11	치킨	fried chicken	チキン	炸鸡
12	피자	pizza	ピザ	披萨
13	떡	rice cake	餅	糕
14	떡볶이	spicy rice cake	トッポッキ	炒年糕
15	짜장면	jajangmyeon	ジャージャーメン	炸酱面

13. 음료 및 디저트
beverage & desert / 飲料及びデザート / 饮料及甜点

	한국말	English	日本語	汉语
1	녹차	green tea	緑茶	绿茶
2	사이다	lemon-lime soda	サイダー	汽水
3	아이스크림	ice-cream	アイスクリーム	冰淇淋
4	아이스티	ice tea	アイスティー	冰茶
5	요거트	yogurt	ヨーグルト	优酪乳
6	우유	milk	牛乳	牛奶
7	주스	juice	ジュース	果汁
8	커피	coffee	コーヒー	咖啡
9	콜라	coke	コーラ	可乐
10	쿠키	cookie	クッキー	饼干
11	케이크	cake	ケーキ	蛋糕
12	홍차	black tea	紅茶	红茶

Ⅲ. 유용한 대화

Useful Expressions
役に立つ会話
有用的对话

1 인사하기 Greetings 挨拶する 打招呼

❶ 안녕하세요? 저는 마리예요.

Hi. This is Mari. こんにちは。私はマリです。您好？我是玛丽。

❷ 가: 미안합니다.　I'm sorry.　すみません。对不起。

　나: 괜찮습니다.　That's okay.　大丈夫です。没关系。

❸ 가: 실례합니다.　Excuse me.　失礼します。不好意思，打扰一下。

　나: 네.　Sure.　はい。好的。

2 사물 이름 묻기　Asking the names of things　物の名前を訊く　询问事物名称

❶ 가: 뭐예요?　What's this?　何ですか。是什么?

　나: 교통카드예요.　It's a metro card.　交通カードです。是交通卡。

❷ 가: 교통카드가 필요해요?

　　Do I need a metro card?　交通カードが要りますか。需要交通卡么?

　나: 네, 필요해요.　Yes, you do.　はい、要ります。是的，需要。

❸ 가: 교통카드가 비싸요?

　　Is a metro card expensive?　交通カードが高いですか。交通卡贵么?

　나: 아니요, 안 비싸요.　No. it's not.　いいえ、高くありません。不, 不贵。

3 장소 및 위치 묻기
Asking places and locations 場所及び位置を訊く 询问场所及位置

❶ 가: 어디예요?　Where are we?　どこですか。这是哪?

　나: 명동이에요.　We are in Myeong-dong.　ミョンドンです。是明洞。

❷ 가: 화장실이 어디에 있어요?

　　Where is the bathroom?　トイレはどこにありますか。厕所在哪里?

　나: 1층에 있어요.　It's on the first floor.　一階にあります。在一楼。

　가: 감사합니다.　Thank you.　すみません。/ どうも。谢谢。

❸ 가: 화장품 가게가 어디에 있어요?

　　Where is a cosmetic store?　化粧品の店はどこにありすか。化妆品店在哪?

　나: 저쪽에 있어요.　It's over there.　あちらにあります。在那边。

　가: 감사합니다.　Thank you.　すみません。/ どうも。谢谢。

4 가격 묻기 Asking prices 値段を訊く 询问价格

❶ 가: 어디에 가요? Where are you going? どこに行きますか。 去哪?

나: 편의점에 가요.

I'm going to the convenient store. コンビニに行きます。 去便利店。

❷ 가: 얼마예요? How much is this? いくらですか。 多少钱?

나: 2000원이에요. It's 2000 won. 2000ウォンです。 2000元。

가: 카드 돼요? Can I pay by credit card? カードでいいですか。 可以用卡么?

나: 네. Yes, you can. はい。 可以。

5 식당에서 주문하기
Ordering meals in a restaurant. 食堂で注文する 在饭店点餐

❶ 가: 돈가스 먹을까요?

Would you like to have pork cutlet? 豚カツ食べましょうか。 吃炸猪排么?

나: 그래요. Okay. そうしましょう。 好的。

❷ 가: 비빔밥 하나하고 김치찌개 하나 주세요.

Can we have one bibimbap and one kimchi stew?

ビビンパ一つとキムチ鍋一つください。 请给我一份拌饭和一份泡菜汤。

나: 네. Yes, you can. はい。 好的。

가: 물 좀 주세요. Can you bring me a cup of water? お水ください。 请给我些水。

나: 셀프예요.

Sorry. Water is self-service / Bring your own water.

セルフ(サービス)です。 水是自取的。

❸ 가: 여기요, 반찬 좀 더 주세요. Can we have more side dishes?

すみません。おかずお代わりお願いします。 服务员，请再拿点小菜吧。

나: 손님, 잠시만 기다려 주세요.

Wait a moment, please. お客さん、少々お待ちください。 客人，请稍等一下。

가: 네. Sure. はい。 好的。

⑥ 커피숍에서 주문하기
Ordering beverages in a coffe shop　コーヒーショップで注文する　在咖啡厅点餐

❶ 가: 커피 좋아해요?　Do you like coffee? コーヒー好きですか。喜欢咖啡么?

나: 아니요, 별로예요.　Not really. いいえ、あまり好きではありません。不, 不喜欢。

　　콜라 좋아해요.　I prefer coke. コーラが好きです。喜欢可乐。

❷ 가: 여기, 자리 있어요?　Is this seat taken? ここ、席空いてますか。这有空位么?

나: 아니요, 없어요.　No, please sit. いいえ、空いていません。不, 没有。

❸ 가: 아메리카노 하나하고 콜라 하나 주세요.

　　I would like to have an Americano and one coke.

　　アメリカーノ一つとコーラー一つください。请给我一杯美式咖啡和一杯可乐。

나: 여기에서 드세요?　For here or to go? ここで召し上がりますか。在这儿用么?

다: 아니요, 테이크아웃이에요.　To go. いいえ、持ち帰りです。不, 打包带走。

⑦ 사진 찍기 Taking pictures　写真を撮る　拍照

❶ 가: 사진 좀 찍어 주세요.

　　Can you take a picture of us? ちょっと写真を撮ってください。请给我拍张相片吧。

나: 네.　Sure. はい。好的。

가: 감사합니다.　Thank you. すみません。/ どうも。谢谢。

❷ (찰칵) (click) (ばちりと) (咔嗒)

가: 미안하지만, 사진 한 장 더 찍어 주세요.　Excuse me, can you take one more?

　　すみませんが、写真もう一枚撮ってください。不好意思，请再给我拍一张吧。

나: 네.　Sure. はい。好的。

가: 감사합니다.　Thank you. すみません。/ どうも。谢谢。

❸ 가: 카메라가 안 돼요.　It's not working. カメラがだめですね。拍不了相片。

나: 왜요?　What's wrong with it? どうしてですか。为什么?

가: 배터리가 없어요.

　　I guess that you are running out of batteries. バッテリーがありません。电池没电了。

8 지하철에서 길 찾기
Finding ways in the subway station 地下鉄で道を探す 在地铁里找路

❶ 가: 실례합니다. '보리 호텔'은 몇 번 출구예요?

Excuse me, where is the exit for Hotel Bori?

失礼します。'ボリホテル'は何番の出口ですか。不好意思，'宝丽酒店'是几号出口?

나: 3번 출구예요.　It's exit. 3番の出口です。是3号出口。

가: 죄송하지만, 다시 한 번 말씀해 주세요.

I'm sorry?　すみませんが、もう一回言ってください。对不起，请再说一遍吧。

나: 3번 출구예요.　It's exit. 3番の出口です。是3号出口。

가: 네, 감사합니다.　Thank you. はい、どうも。好的，谢谢。

❷ 가: 실례합니다. 3호선이 어디예요?

Excuse me, where is the subway station for line number 3?

失礼します。3号線はどちらですか。不好意思，3号线在哪?

나: 이쪽으로 가서 저기 편의점에서…….

Go this way and when you see the convenient store.......

こっちの方へ行ってあそこのコンビニで……。往这边走然后在那边便利店……。

가: 죄송하지만, 천천히 이야기해 주세요.　Can you please speak slowly?

すみませんが、ゆっくり言ってください。对不起，请说慢点。

9 택시 타기 Taking taxies タクシーに乗る 乘出租车

❶ 가: 로데오 거리에 어떻게 가요?　How can I get to the Rodemo street?

ロデオ通りはどうやって行きますか。罗德奥时装街怎么走?

나: 여기에서 택시를 타세요. 압구정역에 가세요.

Take to a cab here and go to Apgujeong.

ここからタクシーに乗ってください。アプクジョン駅へ行ってください。

请在这乘出租车。到狎鸥亭站。

가: 어디요?　Where? どこですって？哪里?

나: 압구정역이요.　Apgujeong station. アプクジョン駅です。狎鸥亭站。

가: 죄송하지만 써 주세요.　Do you mind writing it down for me?

すみませんが、(駅の名を)ちょっと書いてください。对不起，请帮我写下来吧。

❷ 가: 기사님, 압구정역에 가 주세요.　I would like to do to Apgujeong station.

運転手さん、アプクジョン駅へお願いします。司机师傅，请去狎鸥亭站。

나: 네? 어디요?　Where? はい？どこですって。什么? 哪里?

가: 압구정역이요.　Apgujeong station. アプクジョン駅です。狎鸥亭站。

나: 네.　I got it. はい。好的。

10 감정 표현하기 Expressing emotions 感情を表現する 情感表达

① 가: 태민 씨, 멋있어요?

　　Is Tae-min good looking?　テミンさんは格好いいですか。泰民, 帅么?

　나: 네, 아주 멋있어요.

　　Of course, he is.　はい、とても格好いいです。是的, 非常帅。

② 가: 누가 제일 멋있어요?

　　Who is the most good looking guy?　誰が一番格好いいですか。谁最帅?

　나: 태민 씨가 제일 멋있어요. 태민 씨 사랑해요.　Tae-min is. I love him.

　　テミンさんが一番格好いいです。テミンさん、愛してます。

　　泰民最帅。泰民，我爱你。

③ 가: 태민 씨 만나고 싶어요?

　　Would you like to meet Tae-min?　テミンさんに会いたいですか。想见泰民么?

　나: 네, 태민 씨 만나고 싶어요.

　　Yes. I really want to.　はい、会いたいです。是的, 想见泰民。

11 이해 확인하기 Comprehension check 理解を確認する 确认理解度

① 가: 알겠습니까?　　Did you get it?　わかりますか。明白了么?

　나: 네, 알겠습니다.　　Yes, I did.　はい、わかりました。是的, 明白了。

② 가: 알겠습니까?　　Did you get it?　わかりますか。明白了么?

　나: 아니요, 잘 모르겠습니다.

　　No, I didn't get it.　いいえ、よくわかりません。不, 不明白。

12 기타 유용한 표현
Other useful expresstions その他の役に立つ表現 其他有用的表現方式

	한국말	English	日本語	汉语
1	감사합니다.	Thank you.	ありがとうございます。	谢谢。
2	미안합니다.	I'm sorry.	すみません。	对不起。
3	네. / 아니요.	Yes / No	はい。 / いいえ。	是的/ 不是。
4	네? 뭐라고요?	I'm sorry?	はい？ 何ですって。	什么? 你说什么?
5	괜찮아요.	That's okay.	大丈夫です。いいです。結構です。	没关系。
6	좋아요.	That's good.	いいです。	好的。
7	여기요!	Excuse me.	すみません。(呼びかけ)	这里!
8	안 돼요.	No way.	だめです。	不行。
9	싫어요.	I don't want to.	いやです。	讨厌。
10	대단하네요.	That's amazing.	すごいですね。	真厉害。
11	잘 알아요.	I knew it.	良く知ってます。	我知道。
12	잘 알겠습니다.	I knew it.(formal)	良く分かりました。	知道了。
13	잘 몰라요.	I did not get it.	良く知りません。	我不知道。
14	잘 모르겠습니다.	I did not get it. (formal)	良く分かりません。	不知道。
15	아니에요.	No.	いいえ。違います。	不是。
16	별로예요.	Not that great.	別に。	不怎么样。
17	그냥 그래요.	So so.	まあまあです。	就那样。
18	여보세요.	Hello.	もしもし。	喂。
19	사랑해요.	I love you.	愛してます。	我爱你。
20	좋아해요.	I like it.	好きです。	喜欢。

21	마음에 들어요.	I like it.	気に入りました。	合心意。
22	힘들어요.	I'm tired.	大変です。	累。
23	멋있어요.	Great.	格好いいです。	帅。
24	예뻐요.	Pretty.	きれいです。	漂亮。
25	귀여워요.	Cute.	可愛いです。	可爱。
26	스타일이 좋아요.	This style is good.	スタイルがいいです。	造型很好。
27	노래를 잘해요.	He/She sings well.	歌が上手です。	很会唱歌。
28	춤을 잘 춰요.	He/She dances well.	ダンスが上手です。	很会跳舞。
29	글쎄요.	Well.	そうですね。	很难说。
30	그래요?	Is it?	そうですか。	是么?
31	그래요.	Yes, it is.	そうです。	是的。
32	맞아요.	That's right.	そうです。当ってます。	没错。
33	정말이요?	Really?	本当ですか。	真的么?

해답

Answer Key

回答

答案

제 1과 (p.22)

3. 듣고 맞으면 ○, 틀리면 × 하세요.

1) O　2) X　3) O　4) X　5) O　6) O

4. 듣고 맞는 것을 고르세요.

1) ③　2) ①　3) ②　4) ②　5) ③　6) ①

5. 듣고 맞는 것을 고르세요.

1) ②　2) ②　3) ①　4) ①　5) ②　6) ①

6. 듣고 맞는 모음을 쓰세요.

1) ㅓ　2) ㅜ　3) ㅛ　4) ㅖ

7. 듣고 쓰세요.

1) 우유　2) 아이　3) 우애　4) 아야

제 2과 (p.31)

3. 듣고 맞으면 ○, 틀리면 × 하세요.

1) O　2) X　3) X　4) O　5) X　6) O

4. 듣고 맞는 것을 고르세요.

1) ③　2) ③　3) ①　4) ②　5) ③　6) ①

5. 듣고 맞는 것을 고르세요.

1) ①　2) ①　3) ②　4) ②　5) ①　6) ②

6. 듣고 맞는 자음을 쓰세요.

1) ㄷ　2) ㄱ　3) ㄹ　4) ㄱ

7. 듣고 쓰세요.

1) 여기　2) 고기　3) 누나　4) 도로

제 3과 (p.41)

3. 듣고 맞으면 ○, 틀리면 × 하세요.

1) O　2) X　3) X　4) O　5) X　6) O

4. 듣고 맞는 것을 고르세요.

1) ②　2) ③　3) ①　4) ①　5) ③　6) ①

5. 듣고 맞는 것을 고르세요.

1) ②　2) ①　3) ①　4) ①　5) ①　6) ②

6. 듣고 맞는 자음을 쓰세요.

1) ㅅ　2) ㅁ　3) ㅂ　4) ㅈ

7. 듣고 쓰세요.

1) 주스　2) 시내　3) 모자　4) 버스

제 4과 (p.53)

3. 듣고 맞으면 O 틀리면 X 하세요.

1) O　2) X　3) O　4) X　5) O　6) X

4. 듣고 맞는 것을 고르세요.

1) ①　2) ③　3) ②　4) ①　5) ②　6) ③

5. 듣고 맞는 것을 고르세요.

1) ①　2) ①　3) ①　4) ②　5) ②　6) ②

6. 듣고 맞는 자음을 쓰세요.

1) ㅋ　2) ㄷ　3) ㅍ　4) ㅈ　5) ㅇ　6) ㄱ

7. 듣고 쓰세요.

1) 카드　2) 노트　3) 피부　4) 기차

제 5과 (p.68)

3. 듣고 맞으면 O 틀리면 X 하세요.

1) X　2) O　3) O　4) O　5) X　6) X

4. 듣고 맞는 것을 고르세요.

1) ②　2) ③　3) ①　4) ②　5) ③　6) ①

5. 듣고 맞는 것을 고르세요.

1) ①　2) ①　3) ①　4) ②　5) ②　6) ②

6. 듣고 맞는 자음을 쓰세요.

1) ㄲ　2) ㄷ　3) ㅂ　4) ㅅ　5) ㅉ　6) ㄲ

7. 듣고 쓰세요.

1) 토끼　2) 아빠　3) 싸요　4) 짜요

제 6과 (p.79)

3. 듣고 맞으면 O 틀리면 X 하세요.

1) O   2) X   3) X   4) X   5) O   6) O

4. 듣고 맞는 것을 고르세요.

1) ③   2) ②   3) ①   4) ③   5) ②   6) ①

5. 듣고 맞는 것을 고르세요.

1) ①   2) ①   3) ②   4) ②   5) ①   6) ②

6. 듣고 맞는 모음을 쓰세요.

1) ㅘ   2) ㅙ   3) ㅝ   4) ㅟ   5) ㅙ   6) ㅢ

7. 듣고 쓰세요.

1) 과자   2) 가위   3) 화가   4) 돼지

제 7과 (p.91)

3. 듣고 맞으면 O 틀리면 X 하세요.

1) X   2) O   3) X   4) O   5) X   6) O

4. 듣고 맞는 것을 고르세요.

1) ②   2) ①   3) ③   4) ②   5) ①   6) ③

5. 듣고 맞는 것을 고르세요.

1) ②   2) ①   3) ②   4) ①   5) ①   6) ②

6. 듣고 맞는 자음을 쓰세요.

1) ㄹ   2) ㅁ   3) ㅅ   4) ㄱ   5) ㅂ   6) ㄴ

7. 듣고 쓰세요.

1) 손발   2) 한글   3) 옷방   4) 식당

쓰기

1) 이거슨

2) 아페

3) 이저버리다

4) 이써요

5) 지겁

6) 다녀

7) 바메

8) 어리니

제 8과 복습 (p.106)

3. 듣고 맞으면 ○, 틀리면 × 하세요.

1) X	2) O	3) O
4) O	5) X	6) X
7) O	8) O	9) O
10) X	11) X	12) X
13) O	14) X	15) X

4. 듣고 맞는 것을 고르세요.

1) ③	2) ②	3) ①
4) ③	5) ①	6) ②
7) ①	8) ③	9) ③
10) ②	11) ①	12) ②

5. 듣고 맞는 것을 고르세요.

1) ①	2) ①	3) ②
4) ②	5) ①	6) ②
7) ②	8) ①	9) ①
10) ②		

6. 듣고 맞는 모음을 쓰세요.

1) ㅘ	2) ㅙ	3) ㅝ
4) ㅟ	5) ㅙ	6) ㅝ
7) ㅚ	8) ㅞ	9) ㅝ
10) ㅢ	11) ㅐ	12) ㅟ
13) ㅚ	14) ㅐ	15) ㅘ

7. 듣고 쓰세요.

1) 위	2) 제	3) 자	4) 조
5) 스	6) 돼	7) 아	8) 사
9) 의사	10) 회사	11) 저녁	12) 식당

8. 읽고 쓰세요.

1) ① 노니, ② 누네, ③ 도늘

④ 다리, ⑤ 바메, ⑥ 벼를

⑦ 바비, ⑧ 방에, ⑨ 오슬

⑩ 나지, ⑪ 부어케, ⑫ 꼬츨

⑬ 바치, ⑭ 아페

2) ① 이써요, ② 업써요, ③ 널버요

④ 다까요, ⑤ 절머요, ⑥ 달기에요

⑦ 안자요, ⑧ 일거요, ⑨ 발바요